o enigma das ondas

Rodrigo Garcia Lopes

o enigma das ondas

Poesia
ILUMI/URAS

Copyright © 2020
Rodrigo Garcia Lopes

Copyright © desta edição
Editora Iluminuras Ltda.

Capa e projeto gráfico
Eder Cardoso / Iluminuras

Imagem da capa
A grande onda de Kanagawa, por Katsushika Hokusai
[fragmento modificado digitalmente] gravura impressa entre 1731-1734

Revisão
Monika Vibeskaia

CIP-BRASIL. CATALOGAÇÃO NA PUBLICAÇÃO
SINDICATO NACIONAL DOS EDITORES DE LIVROS, RJ
L855e

    Lopes, Rodrigo Garcia, 1965-
      O enigma das ondas / Rodrigo Garcia Lopes. - 1. ed. - São Paulo : Iluminuras, 2020.
    152 p. ; 22,5 cm.

    ISBN 978-6-555-19048-9

    1. Poesia brasileira. I. Título.

20-66153   CDD: 869.1
                      CDU: 82-1(81)

2020
EDITORA ILUMINURAS LTDA.
Rua Inácio Pereira da Rocha, 389 - 05432-011 - São Paulo - SP - Brasil
Tel./ Fax: 55 11 3031-6161
iluminuras@iluminuras.com.br
www.iluminuras.com.br

Sumário

Apresentação, 11
Silviano Santiago

lingua

Aéreo reverso, 17
Pós-verdade, 19
Janelas para o mundo, 21
Breve história da solidão, 22
Soneto ao Sol, 23
Tritina: Alba, 24
Haute cuisine, 25
Paradoxo de Maximus, 27
Tritina: writer´s block, 28
Short Cuts: epigramas, 29
Autópsia, 34
Rimas pobres, 37
Manhã em Olímpia, 38
La maison de mère Jeanne, 41
Saiam da frente, palavras, 44
Spa, 46
Revelação permanente, 47
Le son et le sens, 48
Canto único, 49

pandemonium

Tempus erat, 55
Janela indiscreta, 57
O futuro mandou lembranças, 58
Odisseia paulistana, 59
Delação premiada, 61
Meteoro, 62
Pandora, 63
Vontade de crer, 66
Mendigos, 68
Cantiga de amiga, 71
Mobydick, 72
Aberto para balanço, 73
Trakl, 75
Canção de outono, 76
Tango, 77
Estado de segredo, 79
Sextina: o Dia da Marmota, 81
Selvageria, 83
Últimas notícias, 85

loci

Solstício, 89
Via Láctea, 90
Oniros, 92
Ela caminha em seus domínios, 94
O mágico de Chicago, 95
Frente fria, 96
Lar, 97
De *O trovador,* 98
Uma rápida visita, 100
Fábula de outono, 103
Polônia, 1945, 104
Ground swell, de Edward Hopper (1939), 105
Rumo às estrelas, 107
Simultaneidades, 110
Paisagem, 112
Idílio, 113
Pesca noturna, 114
Sextina, 115

mentis

    Qualia, 119
    Tritina para Orfeu, 120
    Tênebra, 121
    A visita, 122
    Epithalamium, 123
    Ayahuasca, 124
    Oficina de relâmpagos, 125
    Dreamscape, 4/8/2016, 127
    Objeto n.º 1 (repouso), 130
    Tritina: sumi-ê, 131
    Verão, 132
    Na praia, junho, 134
    Janeiro, 135
    Minilagres, 136
    Adivinha, 137
    Insular, 138
    Aparição, 139
    O enigma das ondas, 140

Notas, 145
Agradecimentos, 149
Sobre o autor, 151

Apresentação
Silviano Santiago

Palavra/surfista, prancha/verso, em movimento. A página em branco é uma onda vivaz e espumosa, a caminho do túnel. Importa isto: o aéreo reverso, assim como importa, para o poema metalinguístico de João Cabral, a capa vermelha. A dançar entre o poeta e o touro. Domar não é domesticar. É acarinhar o risco. Poéticas do arrisco e não do aprisco.

Não há filiação, a não ser a admirativa no trato da vida em movimento — *achtung*! mas debruce na janela — do surfista sobre as ondas. "Quando imitava os grandes mestres / era quando ele / era mais / ele". O paradoxo de Maximus é o sentido da comunicabilidade entre o aéreo reverso e Arnaut Daniel. Bom poeta fala bem de outro bom poeta, se frente a frente.

No entanto, o poema é uma cena de crime. Os poetas são detidos e algemados. Esvaziam as aventuras de vida para serem ocupadas pelo leitor, um coprodutor de sentido. E também da própria vida que se deslancha por surfada plena ou vã toureada. "Você levou ou trouxe, / durante o crime, / alguma coisa de mim".

Poeta e seu leitor procuram dar sentido democrático e universal às palavras num tempo destemperado. Elas se esboroam na falta de significado das leis, ou se agigantam na boca de juliocésares liliputianos. "Aqueles que falam / sabem muito bem / pois eles sempre calam alguém / enquanto falam". Não há como escapar ao reino de Pandora: "Pânico, pandemia, pandemônio".

Será é o *tempo* de verbo: "O espelho nunca esteve tão sozinho. / Mas tudo vai dar certo". No momento do S, o surfista perde o equilíbrio, a onda arrebenta em simultaneidades absurdas. Enumerações se sucedem caóticas. A força deste mundo pandêmico controla indiscriminadamente *O enigma das ondas*, seu fatal desafiador. "Começa hoje o maior festival de folhas falsas se esvaindo no vento úmido de março".

o enigma das ondas

lingua

Aéreo reverso

A palavra surfista desce a onda verso,
                                  ganha velocidade na linha
                                                           então

retorna e a

Rasga, num cutback,
               e num S perfeito escala
                         até a espuma:
                                   seus pés pressionam
a prancha

na batida   a quilha desliza   pelos metros de cristas

                         Outra cavada forte em sua base
e parte para cima, faz um leque e gira
     sobre si, desenha na parede
outra curva rápida-elegante

Agora
        um mundo branco se desmorona lentamente
às suas costas

(as sílabas ficam invisíveis enquanto atravessam o tubo)

Só mais alguns segundos

                                          para o fim da bateria

A palavra surfista ressurge do spray da casa de vidro

                                  rasga a muralha esmeralda

                                                  em uma

manobra clássica
corta pra dentro

Uma vez mais

                atinge o lábio da onda

                                  e voa

Pós-verdade

Manhã de chuva, carrancuda
como um general russo.

Do nada, desanda a pensar:
a metalinguagem repôs (perigosa-

mente) o solipsismo do eu-lírico romântico.
Por que não o som do caminhão de lixo

ou a pitanga no bico do pássaro
contra um céu ardente ardósia?

A mancha de mostarda em sua blusa?
A menor distância entre dois pontos

não é você, Ego, seu tonto.
Céus, que luta mais inútil

se pode travar num papel?
Pra que se encalacrar com este encavalar

de palavras parvas que não levam a nada,
nenhum Valhala, Alamut, nenhuma Atlântida?

E o pior cego, insisto, é o que disse
que a vida não vale um alpiste

e que o dia é fake news e não existe.
Faça o seguinte, ou não faça:

Substitua a arrogante arte da recusa
pela simples e grata aceitação das coisas.

Janelas para o mundo

> *The word is a window onto reality.*
> Zbigniew Herbert

O mundo passa
pela janela da palavra
para tocar a realidade

mas a realidade
de repente se fecha
na imagem de uma concha:

uma concha
é um mundo onde
coube uma palavra.

Isto nos basta:
fechamos as palavras das janelas
e abrimos as janelas das palavras.

Breve história da solidão

No escuro de uma caverna,
nas paredes de Pompeia,

na superfície de um papiro,
na solidão de uma tela,

num grafite imprevisto
ou na imensidão sidérea,

esses escritos, frágeis rabiscos,
querem dizer apenas isto:

existo.

Soneto ao Sol

Como saber o que há de novo
Se desprezo o que há de velho?
Se olho para a onda e não a vejo?
A ideia de eterno é eterno engodo:

Seu beijo dura um só segundo,
A tempestade, só um minuto,
Mas meu amor é tão antigo
quanto as pirâmides do Egito,

Essas ilíadas, palavras lindas,
o testemunho das montanhas.
O mar é só o mar, oh, sol

que rebrilha em ondas limpas
por quanto tempo durem essas linhas:
ouça este soneto com seus olhos.

Tritina: Alba

Acordei cedo, ouvindo um canto
que ainda não conhecia. Depois da pausa
pro café continuei ouvindo os pássaros

que no fim eram só isso: pássaros
espalhados no céu, por todo canto,
sobre o mar explodindo sem pausa.

Se depois de todo pouso há uma pausa
deve haver (e imagino que eram pássaros)
um silêncio esquecido num canto.

Eu canto na pausa dos pássaros.

Haute cuisine

> *A linguagem nebulosa dos trapaceiros*
> *serve apenas a objetivos temporários.*
> Ezra Pound

Vende-se

Poema limpinho, recatado, do lar,
gestos medidos, voz doce,
Inspirado em _____ ou _____
(preencha você),

Fácil de escrever,
"conceitual à beça"
prosaico até dizer chega

Não fede nem cheira
Sem susto nem substância
Recheado de clichês

Vende-se
Vendo-me
Foda-se

Inocência morreu de velhice e álcool
Quero aproveitar minha evidência
Os 15 minutos de Andy Warhol

Em lugar de poesia eu trago a pose
(o que você achou que fosse?)
Não importa ter algo a dizer

Eu quero a poesia gourmet

Paradoxo de Maximus

Quando imitava os grandes mestres
era quando ele

era mais
ele.

Agora que diz
ter encontrado sua voz

virou uma péssima
imitação de si mesmo.

Tritina: writer´s block

Não é preciso mais ir em busca do poema.
Como se diz, o mato depressa nasce
e tarde envelhece. Procuramos

pelas servidões do Pântano, na praia, procuramos
até nas páginas do livro onde aquele poema
deveria estar. Mas não está. A lua nasce

atrás da linha de arrebentação, nasce
no instante em que esquecemos que procuramos
as palavras exatas para um poema:

O poema nasce enquanto o procuramos.

Short Cuts: epigramas

I

"Descreve, Cassius, meu novo livro,
mas em palavras breves".
"Diz que escreve".

II

Isso é namorar uma reaça:
Quando Léia me beija nunca sei
se é carinho ou ameaça.

III

O Brasil pegando fogo
o povo tomando no cu
e você no seu cantinho
só querendo saber
se Capitu traiu Bentinho.

IV

— Intimei aquele poeta anão
sobre o epigrama que ele me roubou.
— E o que ele te falou?
— "Mundo pequeno, não?"

V

Agora sei porque de Brutus ninguém gosta:
Ele só fala bem dos outros pelas costas.

VI

É tão porco à mesa, esse chanceler,
que ele só lava as mãos depois de comer.

VII

— E aí, o que achou do meu livro?
— É de papel, para em pé. Todavia
 sobra pose, mas falta poesia.

VIII

Marcial, como é que é?
Onde seu amigo caminhou sobre as águas
dava pé?

XIX

— Vai resumir, numas palavrinhas,
minha poesia? Excelente!
— Prosa empilhada em linhas
Cortadas aleatoriamente.

X

O sujeito te estende a mão numa balada.
"Meu nome é Sergius", diz, e olhando a própria mão:
"E esta é minha namorada".

XI

"A poesia está morta", ela cravou,
no fim da palestra,
com sua voz doce e blasé.
Da plateia, alguém gritou:
"Graças a poetas como você".

XII

Aquele escritor fala mais que o homem da cobra.
"O que falta pra ele ser um poeta?" Obra.

XIII

Reunião ministerial:
uma mesa-
redonda
só com bestas-
quadradas.

XIV

"Você é O cara". "Não tem pra ninguém". "Deus!"
"Continue assim", diziam os Telegrams
que eu mandei pra mim.

XV

Quando vejo um poeta
usar a palavra *enleio*
no ato já sei o que fazer:
nem leio.

XVI

Uma frase pro seu livro, querido, vê se gosta:
"Tem que melhorar muito pra ficar uma bosta".

XVII

"Ah, mas qualquer um podia ter escrito
este epigrama", você reclama.
Mas não escreveu. Fui eu.

XVIII

EPITÁFIO

A morte traz coisas incríveis,
enfim
a poesia está livre
de mim.

Autópsia

Já fui um Autor, um dia.
Agora sou apenas um texto,
um fragmento anônimo, palimpsesto,
cadáver esquisito e indigesto.

Tive que matar quem me pariu
pra que você, Leitor, nascesse,
no meio desse diário massacre,
em pleno abril, e no Brasil.

Não existe mais eu, nem outro.
No lugar onde estava o Autor
um discurso sem vida, neutro,
uma ausência singular, meu amor,
este zumbi chamado Eutro.

Tive que matar minha mãe, meu pai,
depois tive que me matar.
Não adianta ocultar nosso ardil:
eu sou uma cena de crime.

Assassinar o Autor até foi fácil:
na calada da noite, uma cilada.

Agora temos um problema:
quem vai assinar este poema?

Não há como você se deslocar
sem deixar sinais de sua presença.
Todo contato deixa um vestígio
segundo o princípio de Locard.

Não me subestime.
Você conhece meu prestígio.
Tenho em mim seus fios
de cabelo,
sua saliva, as pegadas
do seu tênis, suas impressões
digitais, seu sêmen.

Você levou ou trouxe,
durante o crime,
alguma coisa de mim.

Se foi fácil matar aquele gênio?
Se foi simples montar aquela farsa?
Não seja ingênuo, comparsa.

Essas letras espalhadas,
espirradas pelas paredes,
o sangue negro viscoso e essas manchas
no chão desta sala terrivelmente branca,
provam que a coisa foi feia e bruta.
E houve luta.

O que faz de você (e é tão simples
o que estou tentando te dizer)
no mínimo meu cúmplice.

Nem venha com mumunhas,
armações, venenos, mutretas.
Você foi coautor, no mínimo testemunha.
Isto está escrito com todas as letras.

Agora só espero, em silêncio,
que a polícia nos intime.

A morte do Autor, ainda vivo,
é a forma mais eficaz e moderna
de queima de arquivo.

Rimas pobres

Dar
o que ninguém quer

Querer
o que não se pode dar

Amar
doa a quem doer

Manhã em Olímpia

Numa disputa
pelo pódio da Musa
nem todos os poetas
são iguais. Alguns abusam.

Que todos trotam e suam
não há dúvida.
Nos pés de uns, música.
Nos de outros, ódio.

Uns treinam mais,
outros nem treinam:
só tramam.

Uns preferem a esteira,
outros, a estrada.
Tantos a fama.

Do sprinter, a pressa:
do nada, explosão.
O sucesso depende
da largada.

Surpreende
os 100 metros

em menos de 10
segundos
(um haiku, um epigrama)

Já o fundista emociona
pela resistência.
Os 42 volumes
de uma maratona.

Sim,
há casos
de doping.

Não presumem
que a vida
não se resume
a uma corrida,

Os pés acolchoados
patrocinados pelas deusas Nike,
Olympikus, Adidas.

Devagar, às vezes,
se vai bem longe.

Já a pressa, se vacilar,
Tropeça
em sua própria
ambição.

O que, no fim,

se amealha:
a ilusão, enfim,
o sol de uma medalha.

O olhar do sprinter
cruza por um instante o do fundista
antes da prova:
é uma pista.

Uma flecha com fogo
acerta a pira olímpica.
Há muito em jogo.
É tudo ou nada.

Sprinter ou fundista,
é preciso foco,
a mente plugada
(lembrem-se da fábula).

Em ambos, o fôlego
como medida do tempo

e, a duras penas aprendida,
a calma dos leões,
a sabedoria dos campeões:

nunca comemorar
antes de romper
a linha de chegada.

La maison de mère Jeanne

Ave maneira que voa de ponta-cabeça
vaja sa a manha paasaa
agara faca maas antarassanta.™
Somos dois minions se beijando, explosões,
Piriri-
pororó.
Falo de um lugar
(mas não saio desta bolha).
Eu gosto de tomato juice,
Eu sempre bebo tomato juice,
Eu sempre bebo tomato juice com meus amigos de São Paulo.
Em Amsterdam San Francisco Brooklyn Leblon viciadx em
[tomato juice
Com você,
daqui pra frente,
deixa comigo, Ana C.
Ave tranquila em voo inverso ave
Você também curtia Mio e Mao na TV?
Amei aquele poema que você postou no face ontem:
Estoy de acuerdo: temos que combater o queridismo da poesia
[brasileira.
O mundo contemporâneo é mesmo glosado.
"Quem é você na fila do pão?"
Sou uma encruzilhada de vozes, baby.

Hoje
Hoje cedo
Hoje cedo quando fazia meu chá Namastê
lembrei daqueles versos de Carlouche:
Quand les rats fleuridément morbides
font semblant de camoufler
la bonté
pour me servir de marmite...
Ou daquele inesquecível dístico:
Le théâtre des ciseaux,
avec plus d'audace, il agira à nouveau.
Ulalá!
Poesia é que nem Lego, fio, meus discos
do Kraftwerk.
Acolhimento.
Encantamento.
Gratidão.
E vai salvar o mundo.
Agora 13:31 outono esquina da Augusta tipo aqueles poemas
                                                  [do Ohara,
que por sua vez tungava o Apollinaire.
Eu leio Apollinaire desde criancinha.
Eu já dormi uma noite no Hotel Apollinaire,
que fica na Rue Delambre 39 Paris 14º arrondissement.
Eu gosto tanto da palavra arrondissement,
não me furto a enfiá-la aqui nem quem que seja
pela goela.
Verdes ideias incolores dormem furiosamente.
Eu faço bullying with meu hypocrite leitor.

Quem sabe eu seja simply boring.
Não me apetecem rebuçados.
Você a Babi a Nicole e o Serginho que não largava o Ipad me
[convidaram
pra conhecer o Bateau Lavoir mas preferi
ficar aqui, neste hotel,
arrancando casquinha da canela.
Como diz meu amigo Paulo Valério
o mais profundo
é a pele,
tá ligado?

Saiam da frente, palavras

Saiam da frente, palavras:
não preciso mais ver, através de vocês,
o que se passa em minha mente.

A fila anda, queridas, vamos
que atrás tem gente.
"Janelas para o mundo", vazem,
desembacem: a porta da rua
é serventia da casa.

Vocês eram tão gatas,
Mas agora estão gastas.
Eram tão rosas,
Agora rancorosas.
Vocês eram pedra.
Pois agora são vidraça.

Vocês não me dizem mais nada,
só falam bem pelas costas,
estão sujas de história
e ainda bloqueiam minha visão!

Vão ver se estou na esquina,
limpem a área e parem
de fazer cara de paisagem.

Entenderam? Ou
querem que eu desenhe?
Desapareçam, palavras,
(putas transparentes!)

Caiam fora, para que os sentidos
caiam dentro.

Deixem-me só com essa parede branca,
limpa, linda,
chamada silêncio.

Spa

Se o dia gris transforma
a magia do cotidiano
em prosa
E se a musa antiga anda
esquiva e depressiva
E se aquele poema
que era pra ser um primor
com sua verdade vaporosa
sua pose de paxá
não vale mais a pena
não tem razão de ser
não acha mais leitor
nem causa mais surpresa
só fala de si mesmo
coisas como uma rosa
é uma rosa, e olhe lá,
não tem problema:
despacha a prosa
deixa a pose rancorosa
agarra a vida à sua espera
dê um tapa na pantera
relaxa e goza.

Revelação permanente

O poema é sempre
de esquerda.

Puxem pela memória.

Não só nasce como sempre
retorna

à margem esquerda da história.

Le son et le sens

Nada foi perdido
nada jamais tido
entre a pedra e a perda
entre o vidro e o vivido
entre a onda e a sombra
entre o ritmo e o rito
entre o sonho e o sol
não ficou vestígio.

Só o som ficou
entre a letra e o espírito
no instante dito
no ar sumido
e este estar estrito
e este silêncio escrito —

tudo foi sentido

Canto único

No alto e à esquerda da página oceânica
do fundo de onde se escondem e se
fundem, ombros de espumas, versus

empurrados pelo vento sul da voz —
linhas paralelas recorrendo sobre si —
                pérolas que no mar Netuno engasta
Odisseu com olhos de ressaca
Vocábulos sentidos armando espantos se encrespando até
                                              [espalhar seu
spray de diamantes . . .
                            impulsionando impérios:
Frases de água e vento que se separam,
          se entrecortam, se reatam,
      heroicas, noutra partitura,
    spray de diamantes que não duram.

                Um dia
Nós também seremos esta
linha de detritos que o mar abandona

numa praia deserta.

Mapas de estranhos países
                no pergaminho das areias:

Nem todo sopro em superfície   é pura pele ou signo
nem um só instante sem   uma linha que não seja
          incessante aceso acaso que a surpresa não despreza.

     E o que é vida senão essa sequência,
repetição e diferença,
            suel iridescente, nadador anônimo que alcança
o espaço que o separa de uma linha que já retorna,
imprevisível cesura:

"Deixe   disse Pound, dissipando-se,
o início de cada verso captar o alçar da onda rítmica",
suprema metáfora,
            quando escande suas sílabas de som e espuma
                       na linha dos olhos
Grandiloquente Oceano,
nessa tessitura sonora 24 horas,
mimese da natura e nenhuma
se rompe e explode na mesma versura
Giro de arado de espumas-
Corceis-ideias cavalgando
as linhas paralelas de dizeres que recorrem e recuam sobre si
                 ou contra si, misturam-se
                   como nunca numa
                   corrente de retorno,
                   (nade para os lados,
                   nunca contra mim)
                 unidades de sons e sentidos
              o poema como o sonho de Jakobson:

"encontrar e estabelecer uma linguagem comum
'através das ondas'"

Só peço que olhem para nós alguns segundos
escombros sobras assombros sombras restolhos
   ouçam e escutem sintam percebam respondam estes brancos
estrondos

o verde-água que veste e desveste esta muralha de afetos

               O poema como uma zona de arrebentação

pandemonium

Tempus erat

Eram tempos de golpe, de vacas magras, de trevas,
tempo do onça, de amigos da onça
e nenhuma temperança.

Não eram tempos homéricos,
quando o tempo ainda era senhor da verdade.

Nosso amor já estava
na segunda temporada
quando você pediu um tempo.

E esquentou o tempo.

Você, intempestiva, destemperada...
Eu temporário, temperamental,
e nossa relação, claro, tempestuosa.

Ganhei um bom tempo nesse meio-tempo.
Entre um contratempo e um passatempo
deixei nosso amor no tempo.

Lembra do tempo em que não tinha tempo ruim,
quando o tempo era conjugado no presente,
quando tínhamos tempo de sobra
(mesmo que ainda sem obra)

para gastar o tempo?

Aquilo sim é que eram tempos!
Mesmo com algum tempo de casa
de tempos em tempos a gente perdia
um tempão tentando achar
Em Busca do Tempo Perdido.

Sente minha temperatura.
Já estou assim há algum tempinho.

Agora não dá mais tempo:
a previsão do tempo indica
uma temporada de intempéries,
tempestades e temporais
na maior parte do tempo.
O tempo bom até que durou um tempo.
Nos últimos tempos
o tempo só me dá menos tempo e
nenhum trampo.

E agora, que dei um tempo ao tempo,
o que farei com meu tempo livre?

Bem a tempo, chegou o tempo,
aos 45 do segundo tempo,
e não perdi mais tempo.

Fechei o tempo.
Pisei no tempo.
Matei o tempo.

Janela indiscreta

Em algum lugar perto deste hotel

alguém desafina uma Aquarela Brasileira no saxofone.

Longe, a espinha das serras azuis.

Um avião decola de São José dos Pinhais

rumo a Londres ou Londrina,

cruza o céu cinza da cidade grande.

Velha araucária espremida

entre prédios espelhados.

Na TV, mais uma delação premiada.

Pessoas trabalhando ou nos celulares

em cada uma dessas janelas, abelhas.

Luzes se acendem, luzes se apagam.

A tarde cai fria e depressa.

Triste carne, triste Curitiba.

O futuro mandou lembranças

O dia, velho cigano, se encerra,
levando seu ouro para a China.
A noite está fresca na retina.
Quem vai herdar nossa miséria?

A vida uma comédia, só que séria:
Praias tão vazias, páginas tão pálidas
de tanto mistério, de tanto serem lidas.
Quem vai herdar nossa miséria?

Amigos distantes, estas linhas aéreas,
Instantes que foram isso, nada, espuma,
vislumbres, madrugada, alguma lua.
Quem vai herdar nossa miséria?

Minha dor mora onde outros tiram férias.
O passado é um rio que não regressa
e o presente, essa falsa promessa:
Quem vai herdar nossa miséria?

Uma sílaba no ar ainda reverbera.
Dunas mudas, dorso negro de montanhas,
o céu, lápide ardósia nessa quase manhã.
Quem vai herdar nossa miséria?

Odisseia paulistana

Próxima estação
PARAÍSO
jornada fugaz
pessoas cabisbaixas, sugadas
pelos buracos negros dos
smartphones, selfies sem futuro,
tudo dominado
nenhuma pétala num ramo úmido e escuro
AFASIA FALÉSIA FALÊNCIA FALÁCIA
morte no metrô
cantam as Sirenas
piscam pistas falsas
grávidas de indiferença
anjos andrajos abstratos
tentando voltar para casa
monitorados por Cérberos de negro nas catracas
veem-se pelo vítreo reflexo
MUNDO
jovens encapuzados como monges,
desempregados, os pop-ups sinalizando:
É consumir ou sumir.
Tudo são superfícies?
Vejo suas faces apressadas, deprimidas, descendo ao Hades
pela suja escada rolante de Caronte

no teatro do absurdo deste instante
e de repente percebo: eu
também me torno invisível.
Lá em cima a cidade
é um estacionamento a céu aberto.
344 KM DE ENGARRAFAMENTOS
anuncia o vermelho deslizante
do letreiro digital.
Isso somos nós:
Cronófagos
ansiosos
por entrar e sair,
sair e entrar
neste comboio silencioso
rumo ao PARAÍSO
sem esperança, só temor,
vivendo à espera
da próxima estação.

Delação premiada

Aqueles que falam, não sabem.
Aqueles que sabem, não falam.
Mas aqueles que calam: não sabem?
E aqueles que falam, quem sabe?
— Ele sabia de tudo.
— E ficou mudo?
— Entregou todo mundo.
Aqueles que falam, falam por falar?
E se aqueles que se calam
falam menos do que deviam?
E se aqueles que julgam
mentem mais do que sabem?
Todos falam, eu sei, ninguém ouve,
você sabe, eles sabem
muito bem o que calam
ou não falam disso também.
Enfim, nunca se falou tanto.
Nunca se calou tanto, porém.
Para toda maioria silenciosa
há uma minoria tagarela.
Falar é poder. Mas, e calar?
Aqueles que falam
sabem muito bem
pois eles sempre calam alguém
enquanto falam.

Meteoro

Se acalme, musa, que o mundo
Não vai acabar neste minuto.
O fim do império romano
Não foi de um dia pro outro.

Não foi você quem disse que o destino
Importava menos que a viagem?
Sua bagagem extraviou (não há quem ache)
Numa dobra de galáxia. Agora relaxe.

Pandora

Pânico, pandemia, pandemônio:

é o inimigo invisível, é o novo demônio,

é a face coberta por um pedaço de pano,

é o humano reaprendendo a ser humano.

É uma carreata de caixões pelas ruas de Turim,

é o translúcido azul do céu de Pequim.

É o papa rezando na São Pedro deserta,

são as águas transparentes dos canais de Veneza.

Parece que faz tanto tempo que tudo aconteceu,

presos no labirinto com Minotauro e Teseu.

Legiões de desempregados em Teerã, São Paulo, Paris.

As calçadas de Guayaquil estão cheias de cadáveres.

Estão pregando tapumes nas fachadas.

Todas as fronteiras foram fechadas.

Os médicos e coveiros estão exaustos.

Os jornais nem noticiam mais o holocausto.

São pilhas de corpos-números cobertos por um véu,

São poemas que jamais sairão do papel.

Os confinados batem panelas, invocam os magos,

pumas invadem as avenidas de Santiago.

É uma vida pulsando entre a pedra e a espada,

é o prenúncio de uma economia global robotizada.

São velórios e shoppings vazios, praias desertas,

é o começo de um renascimento, é o fim de uma era.

É o silêncio ensurdecedor e o medo de morrer,

é o tempo pra ler toda a obra de Shakespeare,

é a chance de ser o maior experimento

de controle social de todos os tempos.

É um exército branco higienizando as cidades,

é um planeta em quarentena por toda a eternidade.

É um homem que saiu do isolamento e nunca mais foi visto,

são fanáticos gritando O Vírus é o Anticristo.

São anjos em polvorosa sobre os céus de Berlim,

são amantes aprendendo a amar enfim.

Já ninguém ouve o que os agonizantes urram,

os metrôs voltaram hoje a circular em Wuhan.

É solidão compulsória, é um estado de sítio,

são coiotes vagando livres por San Francisco,

É uma flor desabrochando durante a tempestade

(pois quando tudo acabar talvez seja tarde).

É a solidão futurista da Times Square,

é o suicida alcançando um revólver.

São navios de cruzeiro proibidos de atracar,

são hospitais abarrotados em Milão, Rio, Dakar.

Pássaros continuam voando, geleiras caindo,

há um pôr do sol distante, solitário e lindo.

É viver entre as paredes dos parênteses

em reticências que se alongam como meses.

É o mundo inteiro em stand-by,

é o corpo lutando por ar.

Vontade de crer

Preso no inferno da torre
ou sem boia, em mar aberto.
Impossível curar este porre.
Tudo vai dar certo.

Nada será como nunca.
O real abraço e nada aperto.
Cansaço desta espelunca.
Tudo vai dar certo.

Estamos à beira do abismo.
O amor naufragou aqui perto.
Tempos de barbárie e cinismo.
Tudo vai dar certo.

Do nada, pessoas somem.
Nosso plano foi descoberto.
Deletaram nossos nomes.
Tudo vai dar certo.

Pior do que está pode ficar.
Dias sombrios, céu encoberto.
Mentiras turvam o ar.
Tudo vai dar certo.

Sem grana, cama, namorada.
Da janela só este deserto.
A espera deu em nada.
Tudo vai dar certo.

Patifes e assassinos por toda parte,
Hipócritas ditam o que é correto.
Só nos resta o agora, esta arte.
Tudo vai dar certo.

Acabou a caneta, o vinho tinto.
O esplendor será secreto.
O espelho nunca esteve tão sozinho.
Mas tudo vai dar certo.

Mendigos

> 'Tis News as null as nothing
> Emily Dickinson

Na aurora putrefata
mendigos pescam imagens,
imagens de mendigos,
clichês batidos
(disfarce: preconceito de classe)
nas caçambas e latas de lixo
vazias de signos.

Oh, masters of the universe,
o lindo petróleo que jorra
da flor indiferente e idiota.
Mendigos Nasdaq mastigam
mais cenas de mendigos, nas esquinas
do ciberespaço em busca de miragens
(sacos pretos, azuis, coloridos).
É um vírus perverso, delicada
chacina, é um falso Gauguin, o celular
de um Baudelaire apressado tocando
na lama, um vaso de glicínias e camélias
metralhadas, é o mendigo queimado vivo
numa queima de arquivo
no Vale do Silício.

É um broker na Deep Web explodindo
a própria cabeça, uma ex-top model
dormindo na porta de um banco
em Barcelona, injetando
valsas vienenses nas veias.
É um estio com estilo,
antimatéria do não-sentido,
é um after party fatal, muralha de imagens
com milhares de vídeos idênticos,
um pôr do sol exuberante
(cheirado, uma carreira brilhante)
atropelado por um Hyundai Veloster.

Numa poça de agora estagnado
a lua anula a luz do céu veloz.
A mendiga olha: um arco-íris se forma
na branca saliva de uma teia.
Praias patenteadas pela China, ar
a um real, rajada de hashtags na
noite, carvão do crepúsculo.
Hackers mendigos de terno preto Hugo
Boss puído, mijo, detritos, cratera,
a careca luzidia de Dr. Show,
traficante de maresia, cabeça pensa
num sofá de pedra, trincado
busto de manequim na sala VIP
do viaduto do verão
diante de um imenso grafitti
de "A Grande Onda", de Hokusai, projetado
no paliteiro da metrópole.

E ela cai, exangue, em câmera lenta, offshore.

Zap, zás, zoom, anti-Zeus, ratazanas Dior,
pipocos de AR-15, mendigos fogem
de uma freak wave
de paparazzis italianos. Tulipa
chapada de Propofol
lendo Caminho Suave pela Vereda Versace.
Usuários de crack com cachimbos privê,
biquinhos Gucci, os lábios leporinos
do Senhor Mercado, o matador de aluguel indiano
na boca de rango,
(o rosto limpo como uma enfermaria suíça).

Céu da cidade crua, fantasmas de milicianos,
brisa de commodities, rios cimentados
ou pior: céu fora do ar, noite
em pleno dia, em transe,
fumaça da Amazônia,
névoas de traças,
borboletas digitais de palavras
sem carne, sem viço, sem vida,
minuciosa e impiedosamente
estraçalhadas.

Cantiga de amiga

Quando chegamos, amiga,
a festa já havia terminado.

Todas as perguntas, feitas.
Todas as palavras, ditas.

A chuva caía como aplausos
no anfiteatro do mar.

Chegamos tarde para a morte
e muito cedo para a vida.

Mobydick

Com Fernando Alexandre

Sonhei tanto um dia ser
um velho lobo do mar

Mas só consegui virar
o velho bobo do bar.

Aberto para balanço

Você perdeu seu tempo, Tonto,
pensando no que estava acontecendo,
entrou no quarto errado de hotel,
passou vexames, sumiu do mapa,
desafinou na nota mais fácil,
apostou as fichas num cassino fraudado,
aprendeu tarde demais, talvez,
a história não corresponde
à peça encenada

Alguma coisa deu errada, kemosabe,
e você está sozinho, sem plano b,
afundando na areia movediça dos clichês,
a música já foi pra outra página
as águas do lago sagrado já foram manchadas,
você queimou seu filme mas não viu,
cavalo roubado à luz do dia,
ficou a pé, como todos,
à espera de um milagre, uma alegria,

você acreditou no logro do merecimento,
no presente mágico, na força das coisas
serem cinema,
fez de sua vida pública

uma piada privada,
esteve no lugar certo, dizendo a coisa certa
mas na hora mais equivocada

Acabaram-se as balas de prata,
você deu a mão
pra pessoa errada
(praga!)
Já estamos em agosto
não acontecerá mais nada
você não quis deitar na cama combinada
não quis saber de história
esqueceu-se de querer
não a fama
mas a Glória.

Trakl

Nas planícies da morte
Rolam florestas azuis
Vilarejos fantasmas
Nuvens de ópio abraçam
Caminhos ferozes
Pelo matagal de relâmpagos
E por toda parte bocas moribundas
Entardecem na podridão lunar
O espírito da estrela sombria
O deus de dedos débeis e indecisos
Neblina Scarlatti
Ressoa pelas arenas movediças
penetra o piano do pântano:
Drena a seiva de uma era,
Negra fronte cintila,
ferida pelo brancor:
Sol cambaio, entre deserto
e desterro, minutos
distraídos derrubam
o frasco onde está
o veneno do crepúsculo.

Canção de outono

Ninguém disse que seria fácil,
    que seria sopa, que seria sério,
que seria simples, que seria isto:
    O atentado durou um segundo,
Sete mil anos este império,
    este efêmero, atônito paraíso;
este filme mudo chamado
    O Enigma do Mundo.
O atacante estava impedido
    O atraso não estava previsto
A brisa estava me cegando
    E o sentido estava me seguindo.
O barco singrava sem destino.
    O que ninguém tinha tentado:
Chegar inteiro à linha de chegada
    Ver o sol nascer de madrugada
Ter o dia, este acaso, como amigo,
    Luz de outono como emblema do real.
Amar cada segundo ávido
    Sem nenhuma dúvida,
Só para dar um sentido
    à vida, este mal-entendido.

Tango

Já estou
com saudades do agora
nostalgia do futuro
que ficou de acontecer.

É claro
que é um conto de fadas
a realidade
que eu te prometi.

Mais vale
um tango, um romance,
outro bom motivo
pra gente existir.

Quem sabe
algum dia
você vá saber
o que viveu:

Sim
e nunca mais
vai se arrepender.

Chegamos
bem tarde na festa
a chuva uma história
que nem começou.

O vento nas folhas,
um vulto, uma voz,
a espuma dos dias
na aurora veloz.

Vai ver a paixão
seja algum lugar
que se perdeu:

Beleza
será verdade
apenas uma vez.

Estado de segredo

Um segredo-
serpente, fantasma
furtivo, sabido
por um só indivíduo,
ainda assim é um segredo?

Desconhecido, ignorado
pela própria pessoa?
E se o segredo não dura
um grito, um minuto,
ainda assim foi segredo?

Um segredo tão intenso,
infenso à luz do dia, emblema
de uma realidade maior,
mais complexa, não-humana,
ainda assim é segredo?

Um segredo
enceguecido, sido,
que não se pode traduzir,
que não se pode transportar,
se esvaziando enquanto o sussurramos,
ainda assim é segredo?

Um segredo que,
contado como piada, pista
em que ninguém acredita,
frase dita ao acaso
na avalanche diária de sílabas,
ainda assim é segredo?

E um segredo que,
segregado, demente,
recusando a ser fácil,
revela ser apenas afasia,
fábula patética do self,
flor de solidão, imenso silêncio?

Quantas pessoas é preciso
para guardar um segredo?
Às vezes, duas.
Às vezes, apenas o medo.

Sextina: o Dia da Marmota

Vai estar frio, vai estar cinza, e vai durar para o resto da sua vida.
Phil Connors (Bill Murray), em *Feitiço do Tempo*

O rádio-relógio dispara exatamente às seis
ao som de "I got you babe". O DJ anuncia: "É hoje
o Dia da Marmota! Tá *muito* frio lá fora!"
Phil acorda e diz: "Mas isso não foi ontem?"
As saídas da cidade, bloqueadas. Voltou outra vez.
Na sexta, percebeu: era prisioneiro do presente.

Olhou-se no espelho; sim, estava ali, presente.
Ligou pros seus irmãos (eram em seis):
"Ninguém atende! É isso, acontece toda vez,
como previ!" Amanhã não estaria mais frio que hoje
e Rita não menos ou mais bela do que ontem.
Começou uma sextina para ela. Neve caía lá fora.

Às seis tocou o rádio-relógio que ele jogara fora:
"Mas que inferno este eterno presente!"
No quarto, tudo no mesmo lugar de ontem,
quando ao som de Sonny & Cher se levantou às seis
e diante do espelho perguntou: "Será diferente hoje?"
"Nasci de mim quando acordei. Tento outra vez?"

A previsão do tempo, como Phil, pirara de vez
e os festejos haviam atraído a multidão. Fora
do hotel, Rita disse a Phil que apenas hoje
era o Dia da Marmota e que um belo presente
seria fugir de Punxsutawney depois das seis,
"na mesma van branca que pegamos ontem".

"A marmota viu a sombra antes de ontem,
ontem, hoje também. Vou dizer mais uma vez,
Sou imortal! Sou Deus!". Foi quando seis
caipiras jogaram o homem do tempo pra fora
do café. Acreditava agora estar num mágico presente.
"Algo me diz que nada será como hoje".

Só que não! Rita, a produtora, confirmou que hoje
era de novo dois de fevereiro. "Engraçado, ainda ontem
sonhei que era prisioneiro do presente".
"Nietzsche chama isso de eterno retorno. Uma vez,
em Elko, aconteceu comigo. Você me deu o fora,
ontem", disse Rita. "Não, amor, transamos umas seis".

Vai, sextina, ontem não houve. Amor venceu mais uma vez.
Este presente é precioso e não se joga fora.
Phil deletou a sextina. Hoje, exatamente às seis.

Selvageria

No fim o desembargador era o chefão de uma milícia assassina
E o incêndio na favela celebrado com uzis e buzinas.

Mais cadáveres encontrados na lama da barragem
E o coronel torturador ganha mais uma homenagem.

Dois mil campos de futebol de floresta devastada por dia na Amazônia
Uma multidão de jovens negros chacinados sem cerimônia.

O apresentador de TV integra um grupo neofascista
E o chanceler acredita que a Terra Plana exista.

Uma horda de boçais pedindo sangue, destilando ódio,
Freddy Krueger, Chucky e A Coisa disputando o pódio.

O ministro do Supremo mantém escravos em suas fazendas
E o dono do grande jornal diz que a Verdade é uma lenda.

A quadrilha de empresários comemora em Paris os seus malfeitos
E o general que diz que direitos humanos são para humanos direitos.

O pastor famoso que estupra garotinhas toda sexta-feira
E a ministra que sequestra índios e vê o Demônio na goiabeira.

O chefe da Casa Civil metido com cárcere privado e necrofilia
O grande herói nacional era um agente da CIA.

O bispo com malas cheias de dinheiro no heliporto do templo
E o deputado assassino de gays saudado como exemplo.

Um filósofo ex-astrólogo porrinha tido como gênio, um chucro,
E o Empresário do Ano vibra com mais uma tragédia: o que vier é lucro.

Uma gangue de canalhas, ignorantes e psicopatas no poder
E a juíza cínica sorri pro inocente que ela acaba de foder.

Legiões de zumbis e desempregados pelas esquinas e parques
No presídio superlotado rolam cabeças em mais um massacre.

Seis bilionários detém a mesma riqueza de 100 milhões de pessoas
E o silêncio apavorante que nas ruas da noite ressoa.

Miseráveis em lixões em cenas de puro desespero
O governador genocida que abate pobres de helicóptero.

Um presidente que toca fogo no circo e exalta a tortura
E a surpresa e o nojo de um povo com sua própria criatura.

Seria um filme de horror, puta que pariu,
Não fosse só o Brasil.

Últimas notícias

O governo anunciou o novo gabinete do império do impermanente e a Polícia Federal apreendeu os lilases as dálias as avalanches na operação delicada de outono.

Começa hoje o maior festival de folhas falsas se esvaindo no vento úmido de março.

As melhores ofertas você só encontra na origem duvidosa dos recursos das rochas, na linguagem das conchas, nas correntes oceânicas com o aval das proas dos barcos.

A sociedade civil precisa tomar uma atitude contra o excesso de flores fora da estação, as finas linhas dos troncos, lianas, a seiva que sorve a voz do verde.

Em seu primeiro pronunciamento, o ministro do maravilhoso espanta a espera e sossega a sombra espessa.

O grande clássico deste domingo é entre a linha tensa do horizonte e o vulto dos solitários nas janelas dos edifícios.

As equipes retomaram na manhã desta quarta o resgate trágico das penumbras filtradas da ameixeira, a cortina tremulante de silêncios no Café Déjà-vu.

Confira a previsão do tempo para ontem, a profecia das metáforas, a anatomia da surpresa.

Pesquisas indicam a vitória do presidente fugaz, trovão mágico, do recital recursivo das gaivotas e do esmero dessas manhãs de Homero.

Em depoimento à CPI, ondas esmeralda desabotoam suas blusas e revelam o esquema das cristas e cavas e o rugido do mar.

Sobe para 14 o número de estrelas vistas a esta distância, à esquerda de Órion.

O mercado assimilou mal a notícia do vazamento da neblina nas montanhas, o sonho dos homens, essa maldita vontade de durar.

loci

Solstício

O silêncio cimenta a estrada estreita que dá
no oceano. Luz do sol oblíqua, avara, inverno
de vidro. Céu limpo, geada certa na Serra.

Ar polar.
O Império de Lã.

Garça branca sobre touro negro. Água brusca, algum lugar,
murmura em júbilos de pedra. Pegadas: um rosário,
fiordes silenciosos na mente, praia de estilhaços.

Sombras pétreas, mudas enquanto evolam-
se em velas verde-gris. Ilha congelada, grata
e tranquila aceitação desses mistérios.

Via Láctea

Noite de março insular.
Úmidas rajadas
de luz.

Os vultos dos barcos
brancos oscilam:
pequeno arquipélago.

Velho vento sul
atrasa
o relógio da igreja

e alguém pensa
enquanto pesca
no mistério que há
no silêncio.

Pedaços de reboco da lua
Despencam e ressoam no oceano.

Os cães nativos sonham
sob canoas emborcadas, lembram
a lenta avalanche
do crepúsculo.

Lagoas nas dunas agora:
são olhos acesos.
O coração, um bairro
quieto.

As ondas aqui
se quebram ao revés,
severas, tranquilas,

e entre elas três ilhas escuras
sob o sambaqui de estrelas.

Oniros

Em algum lugar ao norte de Medúsia,
onde não há música, exilada inocência
na sólida paisagem que a visão
hipnotiza sob a ponte: a farsa
de nosso futuro. Com olhos lacrimejantes,
trovões trincam o céu de nossos afetos,
tremem a catedral de sentidos. Um corte.
Fomos contratados para um trabalho
Insondável: instalar estas cercas elétricas.
Agora conversamos entre dispositivos
em algum resort de Bornéu ou da Normandia
com a senha Albert a tiracolo.
O estranho veterano se detém
diante da vitrine
de uma praia de diamantes.
Há uma nave no céu.
Ecos de explosões na Galeria Steinway,
Aroma de algas vermelhas e tóxicas,

câmeras de monitoramento, sabotagem.

Marionetes macabras sorriem enquanto afundam

na areia movediça dos dias.

Há um franchising de sonho aberto 24 horas

e uma chance apenas de tocar e tatear

a Terra para sempre prometida,

antes que a paisagem se estilhace

e vire um hotel feito tão só de ruínas

e habitado só por anjos.

Ela caminha em seus domínios

Quem vem dos lados de Shu
Fugindo de rudes mongóis,
Coração cheio de mágoa,
Cabelos até a cintura?

Quem viu batalhas sem conta
Na sua província e quintais,
A neve cheia de sangue,
O sangue cheio de amigos?

Quem brincou entre bambus
Com o belo senhor de Shu?
(Ele deu o manto azul-celeste
Que é o presente que ela veste).

É a senhora de algas nos cabelos,
Que anda, dia e noite, pela praia.
Só com o mar ela conversa.
A mulher mais louca da vila.

É a dona sem nome, andarilha,
Que entoa canções pela ilha.
As garças lembram amigos.
As ondas lavam relâmpagos.

O mágico de Chicago

"E agora querem ver
a mágica das mágicas?"

anunciou
no fim do show

o mágico gordo e barbudo
na manhã gelada de Chicago.

"É só passar este chapéu:
As pessoas desaparecem".

Frente fria

A chuva chegou
sem fazer cerimônia

Pelas servidões vazias
desta simples colônia

Sem vênia nem trovão
de longe como Lacônia

Lenta como peça nô
animando minha insônia

Anunciada sem show
pelas brancas peônias

Lar

Além, a linha de sombra
das montanhas,
o travelling branco e sibilante
das ondas.

Outono
e calmaria.

Sobre estas simples telhas
o silêncio das estrelas.

De O *trovador*

Vejo vermelhos, verdes, azuis, brancos, beiro
jardins, matas, planícies, colinas e vales;
e as vozes das aves soam, lindas,
com doces acordes, de manhã, de tarde:
fazem que eu dê cor à minha voz e cante
sobre uma flor cujo fruto se chama amor,
prazer o grão, e o aroma de noigandres.

Amor faz do pensar o meu braseiro
e o desejo é doce e corajoso, dá-lhe
sabor saber do mal que sinto ainda
e a chama é mais suave quanto mais arde,
pois de seu servo Amor requer semblante
vero, franco, fiel, de perdão merecedor,
pois na corte orgulho e bajulação são grandes.

Nem tempo nem lugar me mudam por inteiro,
nem motivo, conselho, sorte, boa ou má;
e se minha intenção provar que eu minta
que a minha bela nunca mais me guarde,
ela que trago na mente, dormindo ou vigilante,
já que só cobiço, fingindo por outras ter ardor,
Esse império que expande o de Alexandre.

Meu desejo era de novo ser seu cozinheiro
e para adiar este dia que há de chegar
eu viveria muitos anos, ao menos vinte,
tanto que meu peito se debate, faz alarde:
como sou tolo, por que não pensei nisso antes?
não quero, lá onde ela guarda seu valor,
Me apossar do entre o Tigre e o Meandres.

Às vezes a vida é sem gosto e sem cheiro
sem ela, e dela quem sabe quantas partes há
pois só confesso um quarto ou quinto
já que o coração não revela a outra parte,
já que não tenho outro pensamento nem talante,
ela é meu tempero, o saber do meu sabor,
vejo-a em meu peito, seja em Puglia ou Flandres.

Em fingir no jogo eu me esmero,
e um dia leva um ano para passar,
e pesa saber que, por Deus, não me permita
abreviar o tempo com a minha arte,
pois a espera longa definha os amantes:
Lua e Sol, como demoram para se pôr!
Lamento que essa luz nunca debande.

Vai, canção, agora, antes que o sol se levante
Já que Arnaut suas virtudes não sabe contar
Pois precisaria de um talento muito grande.

                                  Arnaut Daniel (1150-1210)

Uma rápida visita

Lady Pureza está sozinha em casa,
vendo fotografias antigas.

Sol de soslaio,
um solitário visitante,
a brisa é branca e luminosa.
30 anos.

Sentada entre suas plantas
a jovem esposa:
pálida, sua pele,
longos são seus dedos.

Mostra pinturas japonesas,
seu jardim, o pequeno
ferimento em suas mãos,
"Com as rosas, de manhã".

"Às vezes na casa vazia
sento-me lá em cima,
em silêncio,
escrevendo para pessoas
que sequer conheço,
de lugares que nunca visitei".

A Pureza sorri
(é um estranho sorriso).
Pensa seus gestos,
pausa sua voz:

"Você aceita um chá?"
("Você me acha vazia?")
"Você é tão quieto!".

Ela não tem um gato (nem filhos).
O marido está fora (com os amigos)

Seu futuro é seguro.
O tempo é seu passatempo.

Penso:
Lady, a Morte é mesmo ingênua.

Saber o seu pecado.
"Não".
A Pureza é cheia de segredos.
Paciente. Tímida. Perfeita.
Um breve e leve olhar:
excitá-la.

Eu me aproximo,
quero um pacto,
um acerto de contas,
seu perigoso perfume
penetrar.

"E se eu beijasse você?", ela pergunta.
Então me abraça, toca seus lábios em mim.

Seu beijo é frio.

Fábula de outono

Uma tarde um tigre
    caçou o sol de outono;
Ele coube em sua pata
    mas o deixou fugir.

O sol raiou bem cedo
    pelo bosque de cedros.
Deixou o tigre
    raiado também.

Polônia, 1945

Apanhando lenha
na linha do horizonte vejo
ponto negro.

Homem atravessando
campo nevado
e sem som.

Por um minuto
pensei ser meu pai
voltando para mim.

Ground swell, de Edward Hopper (1939)

Dia brilhante. Setembro.
Tudo é branco
ou azul.

A brisa marinha retesa
a vela do barco branco
onde

4 ou 5 jovens (um
chapéu ou cabeça
se insinua atrás da moça
de bruços)

Os bustos bronzeados
dos 3 marinheiros imitam
a madeira do mastro

Acima, nuvens
cirros
parecem escovadas pelo vento
do verão de 39

repetem padrões
da cena abaixo:

Todos estão absortos
na boia de sino

(verde escura,
pesada, com
sargaços)

ondulando nas cavas,
na telha azul do mar
de Hopper.

Hipnotizados,
enquanto escutam
sem dizer palavra

o sino da boia
sua música insistente
ou talvez pressintam

a tormenta que se arma
(fora da tela)
do outro lado do mar

Rumo às estrelas

eles dançam na imensidão
olham-se nos olhos

os dois presos apenas
pelo cordão umbilical
do traje espacial

eles sabem
não tem mais certezas
já não esperam ninguém

muito longe agora
muito longe
da minúscula bola de gude azul

planetas dançam
por toda parte
em sua aparente
imobilidade

sem gravidade
longe muito longe da Terra

as palavras que eles trocam
boiam também no espaço

ou quedam presas
na redoma da roupa

mas não se tornam opacas
fragmentos delas ocupam
o espaço

corpos celestes
"desejar é cair das estrelas"
"filho, deixe-me ir"

eles flutuam
não lutam mais
apenas flutuam

o próprio conceito de lar
se perde no éter

"ninguém responde mais aos nossos sinais"
não sabem para onde vão
rumo às estrelas

eles flutuam
num outro tempo
sob a luz azul
que emana deles mesmos

o filho então   solta o pai

eles sabem
a viagem mais para fora

é a viagem mais para dentro

ele sabem
para ser capaz de se encontrar
antes é preciso saber
se perder

ao redor
e por toda parte
aonde os olhos conseguem penetrar
paz infinita
.
.
.
.
.

Escuridão e silêncio

Simultaneidades

Agora mesmo alguém escuta Wagner no último volume, os Alpes à frente.
Agora mesmo um terremoto abala Tóquio, e esta linha treme.
Agora mesmo um extraterrestre apanha um búzio numa praia dos Mares do Sul.
Agora mesmo um radical islâmico despede-se de seu reflexo numa vitrine em Paris.
Agora mesmo um casal de cientistas faz sexo selvagem num observatório no Atacama.
Agora mesmo alto-falantes gigantes com hinos patrióticos despertam a população de Pyongyiang.
Agora mesmo o sorridente e solícito oficial russo derrama plutônio no drink do espião.
Agora mesmo um padre conversa ao pé do ouvido com sua amante escocesa.
Agora mesmo na janela de um hotel do Leblon um homem se apaixona por uma pomba.
Agora mesmo no litoral da Somália piratas atacam um navio cargueiro e são rechaçados por artilharia pesada.
Agora mesmo uma foto caída de um livro leva o cirurgião sueco às lágrimas.
Agora mesmo um Boeing com 330 pessoas a bordo desaparece sobre o Oceano Índico.
Agora mesmo é um lugar que nunca envelhece.
Agora mesmo um executivo panamenho faz uma transferência de um bilhão de dólares pela Deep Web.

Agora mesmo uma mulher solitária acessa as imagens da Estação Espacial Internacional em seu giro pela Terra em tempo real e mata a segunda garrafa de vinho.

Agora mesmo um geólogo suíço comemora seu aniversário na cratera de um vulcão ativo.

Agora mesmo um refugiado líbio percebe que ninguém naquele bote conseguirá chegar em Nápoles.

Agora mesmo uma ginasta posta um selfie mortal num prédio em Hong Kong.

Agora mesmo a frente fria se desloca lenta para o ponto exato onde estamos no mapa: a fala.

Agora mesmo um presidente renuncia e se suicida ao vivo numa rede social.

Agora mesmo um asteroide ruma em direção à Terra a 72 quilômetros por segundo.

Agora mesmo no Colorado meia dúzia de Papais Noéis com apetrechos de esqui nos ombros descem correndo a rua principal de Aspen.

Agora mesmo o hacker acorda e se vê transformado numa floresta nórdica, no sósia de Hamlet, num maço de baralho turco, num parque de diversões abandonado.

Agora mesmo num bar em Manhattan a Beleza diz para o Terror: "Quando eu terminar, você começa".

Agora mesmo uma velha leoa agoniza cercada por hienas numa savana africana.

Agora mesmo o sol de quase outono banha uma página branca.

Agora mesmo uma fissura quilométrica trinca e estala na Antártica.

Agora mesmo um poeta grego inventa uma máquina de produzir eternidade.

Agora mesmo num teatro lotado em Moscou Anna Fedorova toca o último acorde do Concerto n.º 2 de Rachmaninoff.

Paisagem

manhã de olhos
nublados

caracteres negros
esguios

surgem
na brancura

como nessas
pinturas
chinesas

onde pinheiros
entre escarpas

parecem
sempre
como estas palavras

prestes a
escapar

em instantes
se desvanecem
dentro da névoa

Idílio

Uma carroça passa
pesada de acácias.

O mar e seu manto
de brancas feridas.

Mãos frias naufragam
na manhã sem lábios.

Árvores eriçadas. Luz antiga.
Estilhaços de névoa.

Revoada de pássaros negros.
Sombras em carne viva.

Pesca noturna

De madrugada
o pescador noturno
debaixo da chuva
me pede água.

Nas rochas do costão,
Com iscas luminosas
— cometas
na pele escura do mar —
fisgou um robalo,
duas manjubas,
três espadas, ele diz.

Eu?

Pesquei palavras
a noite toda
nesta enseada
de areia mágica
chamada página.

Sextina

Lo ferm voler qu'el cor m'intra
Arnaut Daniel

Esta vontade que me invade é uma só:
desejo firme de me tornar seu duplo
e mergulhar no mar do amor e no seu transe;
quando estamos juntos, vivos, neste quarto,
ouvindo as vogais das gaivotas no quintal
ou lendo e relendo, em voz alta, esta sextina.

Sonhei que estávamos presos numa sextina,
labirinto obsessivo onde havia um só
caminho que nos levava ao real, ao quintal
(onde você também se tornava meu duplo).
Para definir o que sentimos neste quarto
não havia outra palavra além de transe.

É como uma lenta labareda, em transe,
que dobra e se desdobra sobre si, esta sextina,
ou um espelho mágico num canto do quarto
nos mostrando que a verdade é uma só:
existe, em algum lugar do mundo, um duplo,
em Tóquio, Rio, Provença, até no seu quintal.

"As estações adoram este recanto, este quintal",
você me diz, imersa num delicioso transe
que a faz ver, em cada verso, seu duplo,
sem conseguir dormir por causa da sextina,
da pandemia que faz, dos dias, um só.
"Veja", falei, "lá fora a lua entrou em quarto

crescente, o vendaval invade o quarto
e alucina o arvoredo no quintal".
No sonho havia um cubo imenso, só,
transparente, girando sobre o mar em transe.
Era o núcleo tensionado da sextina,
a imagem mesmo de nossas vidas, como o duplo

sentido de uma palavra, ou o duplo
filamento de uma hélice de DNA. No quarto,
éramos amantes enlaçados, confinados na sextina,
livres para amar, na cama ou no quintal.
Amor é esta labareda que nos pôs em transe
e que faz de mim e de você um só.

Vai, sextina, pousa agora em outro quintal:
fomos felizes neste quarto à beira-mar. Em transe,
o seu duplo coração repousa ao sol.

mentis

Qualia

Que a manhã seja linda,
longa, para nós somente,

Que o segundo seja ainda
o que o coração pressente

sob a sombra de um janeiro,
como a onda se deslinda,

sempre instante passageiro,
prisioneiro do presente.

Tritina para Orfeu

Quando o som era apenas som
e o sentido ainda não fazia sentido
tudo o que tínhamos era o mundo,

ou melhor, a imagem de um mundo
ainda mudo, profundo, mas sem o som
da linguagem a gerir um sentido

ao que antes era apenas pressentido;
a consciência de estar no agora do mundo
que Orfeu transforma em outro som:

O som do sentido nascendo no mundo.

Tênebra

1

A neve
é uma chuva
mais lenta.

(Neva
de novo
na mente).

2

Ave, neve breve,
cave a treva,
atravesse
branca febre
leve essa
escuridão.
Se atreva
a trazer
outro sol.

A visita

Pétalas abertas
como dedos exímios ou coxas
de uma antiga gueixa.

Quem lhe deu,
gardênia de verão,
tanta nobreza?

Brancas pétalas
contra o brilho verde-escuro
de folhas transientes.

Das suas dobras cerosas,
dama de quimono,
você nos olha:

O botão,
em seu centro,
é uma pérola.

Epithalamium

No último sonho, era setembro,
O vento virava e, de repente, era sul,
A natureza virava pensamento,
Os minutos se casavam com o vento,
Os sons se casavam com os sentidos,
As gaivotas se casavam com o céu,
As montanhas se casavam com o mar
E todos eram felizes para sempre.

Ayahuasca

nada é perfeito
nada é a esmo

nem o céu
nem a nuvem
nem a rosa

agora
você está sob efeito
de uma droga poderosa:

você mesmo

Oficina de relâmpagos

Tudo aqui parece em câmera lenta

Shazam! — dispara o terminal de registros.

Por pavor, passe-me o sol: Quando ouço
falar em desigualdade social ponho a mão na minha chibata.

Viver é aluvião.

Circunebulando e retroalimentando-me.

Leve a treva.
Gire nesse frio.

Montanhas rajadas, nuvens em transe deitando um tigre
de sombras:
Onda é metal
mental recuando, chupando seus cristais.
A praia, na sua hora mais pirata.
E o bordão branco da arrebentação.

Traquitanas. Sapecadas. Guéri-guéris.

O bardo hiperativo do tempo de Dom João Charuto
não perdeu o brilho no olho

e ainda grafitou em garrafais
FUGIR DOS CLICHÊS

Algo a se con-
siderar:

As coisas estão cheias de deuses
E os deuses estão cheios de coisas.

Dreamscape, 4/8/2016

Ir além de mim
Num tapa

A tal realidade alterada
Não está em nenhum mapa

Tão nublado agora que poderia
Ser noite ainda

Trânsito pesado cipoal de pistas
na entrada da ilha

velha ponte suspensa por girafas gigantes amarelas

Minhas expectativas hoje se resumem a
Chegar em casa
Abrir a casa
Aguar as plantas

A lembrança da noite semi-insone
no interior do ônibus
A luz fantasmagórica dos novos zumbis
nos smartphones

Todos os vícios humanos

A estranha sensação de irrealidade disso
Essa viagem no espaço-tempo que é este nervoso
verso
A incerteza em relação a tudo

É bizarro

Perceber que todos os sonhos
Neste motel em movimento
Sempre tem um quê de serpentes velozes

Abduzido às 3 e meia da manhã, jogado
num devaneio persa de cores tapeçarias índigos e escarlates
numa cidade iluminada rua entupida de feéricos bazares

Fogueiras por toda parte
Manipuladas pela CIA

De cima pude ver uma van de turismo ser engolida por uma onda
no momento em que tentava atravessar uma praia da Síria
por estreitíssima faixa de areia

"Eu" havia virado um espírito, persona non grata
de realidade aumentada,
Ariel ingênuo, drone onisciente
e flutuava me movimentava pelo espaço
com incrível habilidade e controle

de movimentos.

Era certamente minha mente pensando

Criando formas de elaborar a viagem noturna a seu modo
Ou talvez atuando em dimensão paralela

Pessoas de turbantes pulavam e tentavam me pegar
Eu uma espécie de espírito zombeteiro e forasteiro
Daquela realidade de Sheherazade
O qual era preciso capturar e colocar
Numa espécie de cubo de cristal.

(Por uns segundos pensei ter aberto os olhos —
pude ver a luminosidade da pequena tela
engolir o perfil hipnotizado e alien do meu vizinho)

Chovia como se nunca tivesse chovido

Mas ainda assim eu via as torres
em chamas, cidades da noite vermelha,
Meu pai repousando num cemitério de corais
E, por todo o globo terrestre,
Multidões desesperadas atrás de malignos Pokémons.

Objeto n.º 1 (repouso)

Evoca-se.
Significa que tudo está exterior a ele
e ele mesmo
em parte
dissolve-se no todo.
Percebe-se e é
percebido pelo meio. Joga
com o tempo e o espaço, sugere
algo que busque significação.
Torna-se imediata-
mente símbolo,
provoca e é provocado.
Projeta sua aura, anima-se
e interroga o todo.
Torna-se então semiabsoluto.
Desaparece.

Tritina: sumi-ê

Diante da paisagem o monge meditava há um dia.
Percebeu que o vento sul das montanhas
soprava mais forte, em direção às outras ilhas.

Confinado no templo, só pensava em arquipélagos, ilhas
perdidas, guardadas no céu da retina, numa fresta de dia
ou vistas, como de um drone, do alto das montanhas.

A névoa era uma imensa rede de pesca sobre as montanhas.
Aos poucos, montanhas eram de novo montanhas. Ilhas, ilhas.
Então lembrou o que o mestre, aqui mesmo, disse um dia:

"Um dia essas montanhas serão ilhas".

Verão

A lâmpada
Phillips

queimada
nos restolhos

à beira-mar
gira aos olhos

entre os dedos
da turista

que, indecisa,
se equivoca

e a joga
de volta

à areia
escura

molhada
e vai embora

e do nada
de repente

ela vira
uma coisa

que se acende
e rebrilha:

água-viva.

Na praia, junho

Ter vivido em um mundo

onde nuvens eram brancas esponjas

diluindo um céu bizarramente blue

gralhas-azuis nos galhos da nossa varanda

e as espumas de intensos instantes

sopradas furiosamente por um vento sul

entre os apupos dos pescadores logo cedo

os olhos bordejando as ilhas distantes

antes mastigaram o nevoeiro

nossos corpos satisfeitos e ainda quentes

lendo as pistas que os detetives noturnos não seguiram

os pés imprimindo em sua passagem

a sensação de uma vida acontecendo

limpa como a areia após a onda.

Janeiro

Um clarão incrível! revela

o vulto recortado da costa
mais ao sul onde o escuro

se rebela num flash
de uma câmera gigantesca

minutos antes do ataque
da tempestade: montanhas.

Minilagres

Escrevo a palavra luz
e ela se acende sozinha
na mente
de alguém.

Grafo a palavra barco
e ele aparece
iluminado
do outro lado da linha.

Adivinha

tão imenso
que se ficar calado
ainda o escuto

tão frágil
que se disser seu nome
irá quebrá-lo

Insular

A vila dorme solitária sob a chuva,
imenso cão cinza sobre os
sonhos de areia que o mar apaga.

A mente: esfarrapada
bandeira pirata.

Cego, o coração (compêndio
de velhos silêncios) caminha
no pátio deserto da noite,
pelas explosões da orla.

Em transe, o céu afaga
o que o mar escuro afoga:
letras em câmera lenta.

É a língua que naufraga
Em busca de uma voz

fosse uma trilha
no luto
da luz

as ondas congeladas
da minha fala
erigem uma ilha.

Aparição

Aqui chego e daqui parto,
Num mesmo movente momento.

Estrangeiro em minha língua,
Fala banhada em morfina.

Aqui, longe é tão perto
E o estranho me é tão íntimo.

De onde vem a fagulha
Que acende este pensamento?

Este ser que me dubla
Será fiel à minha bruma?

O enigma das ondas

Que língua falam as ondas?
Talvez, no fundo, nos sondem.
As ondas falam das ondas
Em seu efêmero quando.

Espiralando sob a luz do meio-dia
de outono, nesse oscilante oceano,
São legionários romanos, exaustos e pálidos,
lutando contra exércitos de areia.

Hóspedes do vento, monumentos momentâneos,
filhas do imenso mar que é mãe de todo ser.
Mar que é tempo, mais antigo que o tempo,
Mar que é a eternidade em movimento.

Que diz a onda ciano no instante
de ser brilho de vidro estilhaçante,
ferindo ferozes os rochedos, virando
recifes de sangue, flores de medo?

Ou quando rolam redondas
no cinema a céu aberto do agora,
misturando, em seus sorrisos de Gioconda,
maresia e sal, silêncio e memória.

Falam de sonhos, impérios, naufrágios,
Distâncias, desterros, destinos, do vento,
Falam em frases frágeis cujos sentidos
se desfazem no litoral do pensamento.

Oceano, mare nostrum, desde quando?
Desde que os primeiros olhos
Ouviram seu louco esperanto
de algas, restolhos, espantos.

Pergunte a esses homens que estudam
o suave suel, seu entresseio, as marés,
que olham para o mar como a uma mulher
e atendem pelo nome de Odisseu.

Porque se repetem, sempre se repetem,
bêbadas de formas, ideias, de lucidez.
Porque estão em toda parte, como da primeira vez,
pedindo a nossos olhos que infinitem.

Que língua falam as ondas
Quando estalam nas cristas
Ou correm sobre si mesmas
Como um zíper de água branca?

Que idioma estão espumando,
em que dialeto, gíria, grafitti,
Dublando tanta brancura,
Abrindo mão dos intérpretes?

Que segredos escondem as ondas
quando me acordam de noite
do sonho onde não estive
como num filme de detetive?

Que língua rugem as ondas
quando estão se quebrando?
Que fábulas, histórias e lendas
Carregam em tantos estrondos?

Ou enquanto chiam, sob a chuva,
Ou mesmo quando parecem
Salvas de canhões anunciando
Um Waterloo invisível?

Uma a uma na praia se aconchegam
Como os versos de um poema cênico.
Linha a linha, como aplausos, chegam
Num misto de ternura e pânico.

(Quebram porque estamos mudos.
Quebram porque quando despencam
é como se os sons dos sentidos
nascessem no mundo).

Que dizem esses vocalizes fugazes
vocábulos de sal e maresia
em sua luminosa baba noturna,
em sua esteira matutina?

O que conversam com as nuvens
quando, em calmaria, as copiam,
ou com os surfistas que as toureiam
em manobras que chapam e opiam?

O que murmuram aos botos, gaivotas,
quando triscam suas paredes verdes,
espalhando seu spray ao vento,
um segundo antes de morrerem?

Sei que as ondas nos escutam (falando,
sozinhos nas praias, cegos a seus acenos)
há milhares e milhares de anos
com uma paciência que não temos.

Sei que sob a lua, exaustas, confessam,
quando recuam, mudas, em poças,
e cumprem sua líquida promessa:
A língua que falam é a nossa.

Notas

Quatro palavras em latim nomeiam as seções deste livro:
lingua (língua e, por extensão, linguagem)
pandemonium (pandemônio)
loci (lugares, locais)
mentis (da mente)

Cinco poemas deste livro foram publicados anteriormente:
"Paradoxo de Maximus", "Meteoro" e "Adivinha", revista *Palavra*, do Sesc, junho de 2018.
"Selvageria", em *Ato poético: poemas pela democracia*, organização de Marcia Tiburi e Luis Maffei, Oficina Raquel, 2020.
"Na praia, junho", jornal *Cândido*, n.º 107, junho de 2020.

Aéreo reverso: termo do surf. Manobra em que o surfista faz um giro de 180° ou 360° no ar, aterrissando novamente na onda com ambos os pés.

Pound: Ezra Pound (1885-1972), poeta, tradutor, ensaísta e crítico e norte-americano, autor de *The Cantos*.

Jakobson. Roman Jakobson (1896-1982), pensador e linguista russo.

La maison de mère Jeanne: "Ave tranquila em voo inverso ave" é uma tradução do primeiro verso de "Cortejo", de Guillaume Apollinaire (*Oiseau tranquille au vol inverse oiseau*), que descreve um pássaro voando de ponta-cabeça.

Short Cuts: epigramas. "Epigrama" (do grego *epigrafhein*, ′escrever′, ′inscrever′) originalmente em referência às inscrições em monumentos de pedra, objetos, túmulos, paredes, estátuas e, depois, para designar o verso de circunstância, satírico, aforístico etc. Os epigramas do poeta latino Marcial tornaram-se o modelo para o epigrama moderno: um poema curto e incisivo, geralmente com um *twist* rápido e satírico no final. *Short Cuts*, filme de Robert Altman (1993).

Epigrama V: "Curitibano só fala bem dos outros pelas costas" é uma frase da dupla Solda/Rettamozo.

Tritina: forma inventada pela poeta norte-americana Marie Ponsot (1921-2019). Espécie de sextina em miniatura, usa 3 palavras finais, que devem aparecer seguindo uma ordem pré-estabelecida. É formada por três tercetos e um monóstico, servindo de *envoi* final: 1 2 3 // 3 1 2 // 2 3 1 // *Envoi*: 123

Alba: alvorada. Na poesia provençal, canção de alvorada ou amanhecer. Expressa geralmente o lamento de dois amantes que precisam se separar com o raiar do dia, avisados pelo vigia da torre e pelo canto dos pássaros. Talvez aqui seja o ponto de vista do vigia, em clave parecida com a alba "Poema só para Jaime Ovalle", de Manuel Bandeira.

Pandemonium. Termo criado pelo poeta inglês John Milton (1608-1674) em *Paraíso Perdido* (1667): nome do palácio construído no meio do Inferno, "a alta capital de Satanás e todos os seus asseclas", e a morada de todos os demônios. Do grego *pan* "todos" + *daemonium* ("espírito maligno"). O sentido de "lugar de tumulto e desordem" é de 1779. O de "confusão selvagem e sem lei", de 1865.

Pandora. Na mitologia grega Pandora (Πανδώρα, "a que tudo dá", "a que possui tudo", "a que tudo tira") foi a primeira mortal. Criada por Hefesto, deus do Fogo, que lhe deu dois presentes, além de atributos de Hermes, Atena e Afrodite: a curiosidade e um frasco ou caixa ("a caixa de Pandora"), sendo instruída por Zeus para jamais abri-la. Na Terra, ela se apaixonou e se casou com o titã Epimeteu (irmão de Prometeu). Enlouquecida de curiosidade, um dia Pandora abriu o frasco e todos os males da humanidade escaparam e se espalharam pela terra. Chorando pelo que fizera, ela ouve um som no frasco e o abre de novo, descobrindo que no fundo ficara a "esperança".

Cantiga de amiga. referência às *cantigas de amigo* da lírica medieval galego-portuguesa (séculos 12 e 13).

Trakl. Georg Trakl (1887-1914), poeta expressionista austríaco.

Dia da Marmota: esta sextina, escrita durante a pandemia de Covid-19, foi inspirada no filme *Groundhog Day* (1993, direção de Harold Ramis, *Feitiço do Tempo*, no Brasil). Phil Connors (Bill Murray) é um arrogante homem do tempo de um canal de TV que vai, ao lado do cameraman e sua produtora, Rita Hamson (Andie MacDowell), cobrir pelo quinto ano consecutivo os festejos do Dia da Marmota em Punxsutawney, interior da Pensilvânia. Punxsutawney Phil (a marmota) sai de sua toca todo dia 2 de fevereiro para prever, em marmotês, a duração do inverno. Phil se vê preso num "inferno", num looping temporal.

De *O trovador*: esta é uma tradução, direta do provençal, da *canzone* 13 do trovador provençal Arnaut Daniel (1150-1210), base do mistério do romance policial-histórico *O trovador* (Record, 2013), de onde foi tirada. O esquema desta forma fixa é: 6 estrofes de sete versos (septetos), seguindo de um terceto (o *envoi*). Cada estrofe segue esta ordem de rimas: ABCDEFG e, no terceto (*envoi*), EFG. Há uma palavra misteriosa no último verso da primeira estrofe, *noigandres*, considerada o *locus classicus* para a intradutibilidade da canção dos trovadores, que aparece em sete variantes e tem recebido várias interpretações: "noce reale" (Raynouart), "muscat" (Canello), "olor que afasta o *ennui* (tédio)" (Levy), "aroma que protege da tristeza" (Appel, na trilha de Levy), entre outras. Ezra Pound (1910) viu uma referência alegórica à árvore do amor.

Sextina: forma fixa criada pelo trovador provençal Arnaut Daniel, provavelmente adaptada de formas anteriores. A única que restou é "Lo ferm voler que'l cor m'intra". São 39 versos, divididos em quatro sextetos e um terceto final (*envoi*). Também não usa rimas, e sim 6 palavras finais, cuja posição no fim dos versos, que se permutam estrofe a estrofe, deve ser a seguinte: 1. ABCDEF 2. FAEBDC 3. CFDABE 4. ECBFAD 5. DEACFB 6. BDFECA e o terceto final, o *envoi* (o envio, ou *tornada,* que supre funções como localizar, datar, dar autoria, de reflexão ou de dedicatória) deve terminar com ECA ou ACE (sendo que as três palavras finais remanescentes devem ser usadas, necessariamente).

Ground swell, ondulação, grupo de ondas criado por um sistema de tempestade a milhares de quilômetros da costa. O poema é uma écfrase ("descrição", em grego) de uma cena ou, como é mais comum, de uma obra de arte. "Ground swell" é um famoso quadro do pintor e ilustrador norte-americano Edward Hopper (1882-1967) pintado em 1939, semanas antes da eclosão da Segunda Guerra Mundial.

Idílio. do grego εἰδύλλιον, ("poema curto"), poema que descreve a vida pastoral e rural, a comunhão com a natureza, sob um tema persistente na poesia amorosa e sobretudo bucólica: o *locus amoenus* (lugar ameno, amável), expressão latina que significa "paisagem ideal", um "estado de espírito" presente sobretudo na poesia bucólica. "A paisagem pastoril é vista como uma paisagem da mente" (*Dicionário de termos literários*).

Tritina: sumi-ê. "Estas montañas serán islas": verso de Severo Sarduy (1937-1993), poeta, jornalista, prosador e crítico de arte cubano.

AGRADECIMENTOS

A Marcos Losnak e Maurício Arruda Mendonça, pela leitura,
comentários e sugestões.

Sobre o autor

Rodrigo Garcia Lopes (Londrina, PR, 1965) é poeta, romancista, tradutor e compositor. Publicou *Solarium* (1994), *visibilia* (1996), *Polivox* (2002), *Nômada* (2004), *Estúdio realidade* (2013) e *Experiências extraordinárias* (2015). É autor do livro de entrevistas *Vozes & visões: panorama da arte e cultura norte-americanas hoje* (1996) e do ensaio *Roteiro literário – Paulo Leminski* (2018). Como tradutor, publicou *Sylvia Plath: poemas* (1990) e *Iluminuras: gravuras coloridas*, de Arthur Rimbaud (1994), ambos em parceria com Maurício Arruda Mendonça; *Mindscapes: poemas de Laura Riding* e *O navegante* (*The seafarer*, do anônimo anglo-saxão, 2004); *Leaves of grass / Folhas de relva: a primeira edição - 1855*, de Walt Whitman (2005); *Ariel*, de Sylvia Plath (com Cristina Macedo, 2007); *Epigramas*, de Marco Valério Marcial (2017). Em 2001 seu poema "Stanzas in Meditation" foi publicado em *Os cem melhores poemas brasileiros do século*. De 2002 a 2014 foi um dos editores da revista *Coyote*. Sua obra está representada em várias antologias de poesia brasileira contemporânea, no Brasil e no exterior. Foi professor da Universidade Estadual de Londrina, Universidade Federal do Rio Grande – FURG e, de 2007 a 2009, do departamento de Línguas Românicas da Universidade da Carolina do Norte. Em 2012 foi selecionado para o Programa de Escritores Internacionais da Universidade de Iowa (Iowa City, EUA). Seu romance policial-histórico *O trovador* foi um dos sete finalistas do Prêmio São Paulo de Literatura 2015, na categoria Melhor Livro do Ano de Romance - Autor estreante + 40 Anos. Em 2019 *Roteiro literário – Paulo Leminski* foi um dos três vencedores do Prêmio Literário da Biblioteca Nacional na categoria Ensaio literário. Em outubro de 2020 a editora Cosmorama, de Portugal, publicará *Sexteto*, uma antologia selecionada de seus seis primeiros livros de poemas. Tem dois discos de composições autorais: *Polivox* (2001) e *Canções do estúdio realidade* (2013). Site rgarcialopes.wix.com/site

**CADASTRO
ILUMINURAS**

Para receber informações sobre nossos lançamentos e promoções, envie e-mail para:

cadastro@iluminuras.com.br

Este livro foi composto em *Minion* pela *Iluminuras* e impresso nas oficinas da *Meta Brasil Gráfica*, em Cotia, SP, sobre papel off-white 80g.